EDICT DV ROY

POVR LE RACHAPT

ET REVENTE DE TOVS
Greffes Ciuils, Criminels & des prefentations, affirmations & infinuations, en
tous les Cours & Iurifdictions de ce Royaume : enfemble des places de Clercs,
Tabellionnages, droicts de parifis, de
petits feaux, doublemens d'iceux & des
prefentations, cy deuant vendus & engagez, à faculté de rachapt perpetuel.

A PARIS,

Chez F. MOREL, & P. METTAYER,
Imprimeurs & Libraires ordinaires
du Roy.

M. DC XVI.

Auec priuilege de fa Maiefté.

EDIT DV ROY POVR LE

rachapt & reuente de tous Greffes Ciuils, Criminels & des presentations, affirmations & insinuations en toutes les Cours & Jurisdictions de ce Royaume, ensemble des places de Clercs, Tabellionnages, droicts de parisis, de petits seaux, doublemens d'iceux, des presentations cy deuant vendus & engagez à faculté de rachapt perpetuel.

LOVIS PAR LA GRACE DE DIEV, ROY DE FRANCE ET DE NAVARRE. A tous presens & aduenir, Salut : Nous auons assez faict cognoistre par le traicté de paix n'agueres faict à Loudun,

le grand defir que nous auions du repos general de nos fubiects, pour n'a-
uoir efpargné chofe quelconque qui
defpendift de nous, afin de donner
contentement à tous ceux qui s'en e-
ftoient eflongnez, la plufpart pour la
confideration de leurs propres inte-
refts, defquels nous auons eu vn foing
fi particulier, que les frais de la guerre
& l'execution dudit traicté ont entie-
rement efpuifé le fonds de nos finances, au remplacement duquel nous
penfions à bon efcient, afin de remet-
tre nos affaires en ordre auec la paix,
laquelle nous tenions afleurée, quand
par vne fpeciale grace de Dieu, nous
auons eu aduis des pernicieux def-
feings, de ceux lefquels outre le de-
uoir qu'ils nous ont, comme à leur
Roy & Souuerain Seigneur, apres les
y auoir encores obligez par toutes for-
tes de biens faicts & bons traictemens,

continuent d'entre prendre de nouueau contre noſtre authorité & ſeruice: A quoy nous auons grande occa-
ſion de pourueoir de bonne heure, &
d'eſſayer de preuenir leurs mauuaiſes
intentiós. Ce que ne pouuans faire ſans
vn notable ſecours d'argent, le fonds
de nos finances eſtant, comme dit eſt,
eſpuiſé Nous ſommes contraints en
ceſte ſi vrgente neceſlité en laquelle il
s'agiſt du ſalut de noſtre perſonne &
de noſtre Eſtat, à la conſeruation deſquels tous nos bons ſubiects ſont
eſtroictement & particulieremét obligez de rechercher des moyens extra-
ordinaires, dont nous ayans eſté fai-
ctes pluſieurs ouuertures & propoſi-
tions, entr'autres celuy de la reuente de
tous les Greffes Ciuils, Criminels, &
des preſentations, affirmations & inſinuations & places de Clercs, droicts de
pariſis, petits ſceaux, doublemens d'i-

ceux, & defdites prefentations & Tabellionnages, lefquels ont efté cy-deuant
vendus & engagez, à faulte de rachapt
perpetuel a efté trouué le moings
onereux à nos fubiects, pour eftre li-
bre & volontaire & fans augmenta-
tion des droicts qui y font attribuez,
n'y a aucune charge de finance fur
nous n'y fur nos fubiects, & tel toutesfois que nous pouuons attendre fe-
cours de cefte part, d'vne bonne fom-
me de deniers. A CES CAVSES apres
auoir faict meuremét deliberer de ceft
affaire en noftre Confeil, où eftoient
la Royne noftre tres-honorée Dame
& Mere , aucuns Princes de noftre
fang, autres Princes, Seigneurs & no-
tables perfonnages de noftredit Confeil, De l'aduis d'iceluy & de nos pro-
pre mouuement, plaine puiffance &
authorité Royale, Auons par ceftuy
noftre prefent Edict perpetuel & irre-

uocable, dict, statué & ordonné, disõs,
statuons & ordonnons , voulons &
nous plaist, que tous Greffes, tant Ciuils que Criminels , & des presentations, affirmations & insinuations, ensemble les Clercs desdits Greffes, soit
en nos Cours de Parlemens , Chambres des Comptes , grand Conseil,
Cours des Aydes , Thresoriers generaux de France, Cour des Monnoyes,
Requestes du Palais & de nostre Hostel, Chambre du Thresor , Eauës &
Forests, Sieges Presidiaux, Bailliages,
Seneschaussées, Preuostez, Elections,
Greniers à sel, Gruyries, Mareschauf-
fees, Admiraultez, Iuges Consuls, &
autres Iurisdictions Royales, & Tabellionnages, droicts de parisis, de petits seaux, doublemens d'iceux, & desdites presentations cy-deuant vendus
par nous & par nos predécesseurs
Roys, & engagez à faculté de rachapt

perpetuel, à quelques perſonnes que
ce ſoit , ſeront par nous retirez & racheptez, & iceux auōs des à preſent reu-
nis & incorporez à noſtre Domaine,
auec les droits proffits & emolumens
y attribuez par les Ediⁿcts de crea-
tion & eſtabliſſement d'iceux , &
les reglemens ſur ce faiⁿcts, Deſquels
Greffes, Clercs d'iceux, auec ledit droiⁿct
de pariſis , ioinⁿct & vny & doublemés
deſſuſdits , ſera faiⁿct rachapt & rembourſement aux acquereurs & poſſeſſeurs d'iceux, dont ils ſeront aⁿctuelle-
ment rembourſez , auant qu'en eſtre
depoſſedez , pour eſtre de nouueau
vendus & adiugez à faculté de rachapt
perpetuel, par les Commiſſaires qui ſeront à ce par nous commis & deputez,
les ſolemnitez en tel cas requiſes & ac-
couſtumées gardées & obſeruées. Et
ou ledit droiⁿct de pariſis & doublemés
deſdits petits ſceaux & preſentations
auront

auront esté vendus separement d'auec lesdits. Greffes, Clercs d'iceux, seaux, & Tabellionnages & ne se trouueroient personnes qui les encherissent ensemblement auec ledit parisis, & doublement desdits petits sceaux & presentations, lesdits droicts de parisis & doublemens desdits petits sceaux & presentations, seront reuendus separement. Pour estre les deniers qui prouiendront desdites reuentes, payez par les acquereurs és mains de celuy qui sera par nous commis à la recepte d'iceux, & par luy en nostre Espargne, & employez par le Thresorier de nostredite Espargne aux effects dessusdits, ainsi qu'il luy sera par nous ordóné & commandé. Voulás que les contracts qui seront passez par lesdits Commissaires soient de telle force & vertu, cóme s'ils estoient passez en nostre Conseil, & que les acquereurs desdits Gref-

B

fes, Clercs d'iceux, auec ledit parifis,
petits feaux & doublemés deffufdits,
ioincts & vnis ou reuendus fepare-
ment, foient mis en poffeffion de leurs
acquifitions , en vertu defdits contracts & quittances du payement qu'ils
auront faict, pour en iouyr par leurs
mains comme de leur vray & loyal ac-
queft, Lefquels contracts nous auons
des à prefent comme pour lors , vali-
dez & authorifez, validons & authori-
fons par ces prefentes , fans que les
nouueaux acquereurs foient tenus à
autres charges quelconques, que celles portées par les contracts des pre-
mieres alienations , & que lefdits acquereurs puiffent eftre aucunement
empefchez, foit par reduction de deniers à rente ou autrement, en quelque forte & maniere que ce foit, ny de-
poffedez , finon en les rembourfant
actuellement de leurs deniers : Vou-

lons & ordonnons auſſi que les precedens acquereurs ſoient comme dit eſt,
rembourſez des deniers par eux a-
ctuellement payez en nos coffres &
tournez à noſtre proffit, auant qu'en
eſtre depoſſedez. SI DONNONS EN
MANDEMENT, à nos amez & feaux
Conſeillers les Gens tenans nos Cours
de Parlement , Chambres de nos
Comptes & Cours des Aydes, que ces
preſentes ils facent lire, publier & regi-
ſtrer, garder, obſeruer & entretenir in-
uiolablement de poinct en poinct, ſelon leur forme & teneur, ſans y contre-
uenir ny ſouffrir y eſtre contreuenu en
aucune maniere. CAR tel eſt noſtre
plaiſir, Nonobſtát tous Edicts, Ordó-
nances & choſes à ce contraires, auſ-
quelles & aux derogatoires deſ deroga
toires y contenuës, nous auons de nos
meſmes puiſſance & authorité, dero-
gé & derogeons par ceſdites preſentes,

B ij

'Ausquelles á fin que ce soit chose ferme & stable à tousiours, nous auons
faict mettre nostre seel, sauf en autres
choses nostre droict & l'autruy en toutes. DONNE' à Paris, au mois de Septembre l'an de grace, mil six cens seize.
Et de nostre Regne le septiesme.

Signé,   LOVIS.

Et sur le reply, Par le Roy.

Signé,   DE LOMENIE.

Et à costé   Visa.

Et seellee du grand seel de circ verte, sur double queuë en soye rouge &
verte.

Et sur ledict reply est escrit.

Leu publié & registré, ouy & ce requerant le Procureur general du Roy, ordonne que
coppies collationnées seront enuoyées aux Bailliages & Seneschaussées, pour y estre semblablement leuës, publiees & registrees, gardé & ob-
serué selon sa forme & teneur, se reseruant le
Roy, sur la requisition faicte par son Procureur
general, pour raison des Greffes Ciuils & Criminels de ladicte Cour, de pouruoir ainsi qu'il ver-
ra estre à faire. A Paris en Parlement le Roy y
seant le septiesme Septembre, mil six cens seize.

Signé,   DV TILLET.

Et à costé est encores escrit.

Leu, publié & registré semblablement en la
Chambre des Comptes, ouy & ce requerant le Procureur general du Roy, à la reseruation toutesfois des Greffes subiects & compris à la condition
des seize années ou autre moindre temps, & sans
preiudice de l'Edict & Declaration du Roy pour
l'erection en titre d'office des Greffes des Threso-

riers generaux de France, & à la charge que celuy qui sera commis à la recepte de la reuente desdits Greffes ne pourra s'immiscer en l'exercice d'i-
celle, qu'au prealable il n'ayt faict enregistrer sa
Commission en icelle Chambre, & que les deniers
prouenans de ladicte reuente seront employez en
la despence de la guerre, suyuant l'arrest de ce fait
le 27. iour de Septembre 1616.

Signé,   BERTHELIN.

Et à costé est escrit.

Leu, publié & registré par le commandement
du Roy, porté par Monsieur le Comte de Soissons,
assisté des Sieurs de Themines Mareschal de Frā-
ce, de Chasteau-neuf, de Pontcarre, & Ieannin,
Conseillers au Conseil d'Estat de sa Maiesté : Ouy
ce consentant le Procureur General dudict Seigneur. Faict à Paris en sa Cour des Aydes, les
Chambres assemblees, la seiziesme iour de Decembre, l'an mil six cens seize.

Signé,   BERNARD.

EV par la Chambre les lettres patentes du Roy en forme d'Edict, donnees à Paris
au mois de Septembre der-
nier, Signees, Louys. Et sur le reply,
Par le Roy, De Lomenie. Par lesquel-
les & pour les causes y contenuës, sa
Maiesté ordonne, veut & luy plaist,
que tous Greffes tant Ciuils que Criminels, & des presentations, affirmations & insinuations, ensemble les
Clercs desdicts Greffes, soit en ses
Cours de Parlements, Chambres des
Comptes, grand Conseil, Cours des
Aydes, Thresoriers Generaux de France, Cour des Monnoyes, Requestes
du Palais & de son Hostel, & autres y
declarez cy deuant vendus & engagez
à faculté de rachapt perpetuel, à quelques personnes que ce soit, soient retirez & racheptez, & iceux reünis & incorporez à son Domaine, auec les

droicts, profits, reuenus & esmolu-
mens y attribuez, ainsi que plus au lóg
le contiennent lesdictes lettres, registrees en la Cour de Parlement, le Roy
y seant le septiesme dudict mois. L'arrest de ladite Chambre du vingt-deux-
iesme d'iceluy mois, par lequel elle auroit declaré ne pouuoir entrer en la ve-
rification d'icelles. Autres lettres patentes du Roy donnees audict Paris le
vingt-troisiesme ensuiuant, signees
comme les precedentes, contenant iussion & mandement tres. exprés à ladicte Chambre de proceder à la verification des precedentes, selon leur forme & teneur. Autre arrest du vingt-
septiesme ensuiuant, par lequel elle auroit ordonné ledict Edict estre leu, publié & regiftré, à la reserue toutesfois
des Greffes subiects & compris à la có-
dition des seize annees ou autre moindre temps, & sans preiudice de l'Edict
& De-

& Declaration du Roy, pour l'erectiõ
en tiltre d'office des Greffes des Thresoriers Generaux de France, & à la charge que celuy qui seroit commis à la recepte & vente desdits Greffes, feroit re-
gistrer sa commission, & que les deniers qui prouiendroient d'icelle reuente seroient employez à la despense
de la guerre. Autres lettres patentes signees comme les precedentes donnees
à Paris le dernier iour dudit mois de
Septembre, contenant autre iussion &
mandement tref-expres à ladite Chambre de proceder à la verification pure
& simple dudit Edict, sans y apporter
autre restrinction que celle pour les
charges des Greffiers desdicts Thresoriers de France, restablis par Edict du
mois de Septembre, mil six cens treize.
Arrest sur icelles du quatriesme de ce
present mois, par lequel elle auroit ordonné que le precedent dudict vingt-

septiesme Septembre dernier tiédroit. Autres léttres patentes du douziesme de cedict present mois, aussi signees comme les precedentes, contenant iussion & mandement tres-exprés à ladite Chambre de proceder à la verification pure & simple dudict Edict, pour estre lesdicts Greffes, Clercs d'iceux vendus à ladicte faculté de rachapt perpetuel. Arrest sur icelles du quatorziesme dudit present mois, par lequel elle auroit de rechef ordonné que les precedens tiendroient. Autres lettres patétes du Roy dónees à Paris le dix neufiesme iour de cedict present mois, signees comme les precedentes, contenant autre iussion & mandement tres exprés à ladite Chábre, que toutes affaires cessátes & postposez, elle eust incontinent à proceder à l'enregistrement pur & simple dudict Edict du mois de Septembre dernier, sans plus y vser d'aucun refus, restrinction,modification ou difficulté,foubs quelque caufe ou pretexte que ce foit, ny s'arrefter à la referuation par elle fai-cte de ceux qui eftoient entrez au party defdites feize annees: Sauf à pouruoir par fa Majefté à ce qui pourroit con-cerner fon indemnité, ainfi qu'il feroit iugé iufte & raifonnable : n'entendant toutefois y comprendre les Greffes des Threforiers de France creez en tiltre d'office , par Edict verifié par ladicte Chambre.Enioignantà fon Procureur General y tenir foigneufement la main. Conclufions du Procureur Ge-neral du Roy , & tout confideré. La Chambre du tref-expres commande-ment du Roy par plufieurs & diuerfes fois reïteré,a ordonné & ordonne que les modifications interuenuës fur la ve-rification dudit Edict, par fon Arreft du vingt-feptiefme Septembre, & au-tres en confequence d'iceluy,feront le-

uées pour estre iceluy Edict executé selon sa forme & teneur. Que sa Maiesté
sera supp'iee que le Greffe & places de
clercs de ladicte Chambre, pour l'im-
portance & consequence d'iceluy, ne
soit mis en reuente : Que les Greffiers
d'icelle en faisant vn supplément mo-
deré, qui leur tiendra lieu d'augmenta-
tion de finance, iouyront de l'effect &
contenu dudit Edict : Que les deniers
procedans desdictes reuentes seront
employez aux effects de la guerre &
non ailleurs, à peine de repetition contre les ordónateurs Tresoriers de l'Espargne , extraordinaire des guerres,
parties prenantes, vefues & heritiers,
en cas de diuertissement , & à ceste
fin lesdicts Tresoriers de l'Espargne
extraordinaire des guerres , & tous
autres qui en auront le maniement,
feront en leurs Comptes chapitre
à part & separé, tant en recepte que

despence desdits deniers : Que le preſent Arreſt leur ſera ſignifié à la diligéce du Procureur General, & que celuy qui ſera cómis à ladite recepte nepourra s'immiſcer en l'exercice d'icelle, qu'au prealable il n'ait faict enregiſtrer ſa commiſſion en icelle Chambre. Faict le vingt-ſixeſme iour d'Octobre, mil ſix cens ſeize, & prononcé audict Procureur general du Roy en ſon Parquet ledict iour. Et plus bas eſt eſcript, Extraict des regiſtres de la Chambre des Comptes.

Signé,   BERTHELIN.

Lovis par la grace de Dievu Roy de France et de Navarre. A nos amez & feaux Conseillers en nos Conseils d'Estat & Priué, les Sieurs de l'Aubespine, le Camus, Ieannin : & à nos aussi amez & feaux Conseillers en nosdits Conseils & Intendans de nos Finances, les Sieurs de Maupeou, Arnauld, Duret, & de Castille, Salut. Comme le principal & le plus asseuré secours que nous puissions attendre pour subuenir à l'vrgente necessité de nos affaires, & à partie du payement & solde des gens de guerre, que nous sommes contraincts tenir sur pied pour quelque têps, outre les garnisons ordinaires, afin de conseruer le repos en nostre Estat, & nous opposer plus promptement aux desseins de ceux qui auroient volonté de troubler, doit prouenir de la vête & reuente, à faculté de rachapt perpetuel, des Greffes, places de Clercs & parisis d'iceux, Seaux & Tabellionnages. Nous sommes aussi obligez d'auoir vn soin particulier d'employer despersonnes pour proceder ausdictes ventes & reuentes, qui par leur experience & capacité, affection & fidelité à nostre seruice, nous facent receuoir en bref tout le profit & vtilité qui nous en doit reuenir en

toutes les Prouinces de noſtre Royaume. Et
ne pouuans faire meilleur choix que de vous
pour l'entiere cognoiſſance que nous auós de
vos loüables qualitez&merites:A CES CAVSES
& autres bonnes,& iuſtes conſiderations à ce
nous mouuans , Nous vous auons commis
& deputez , commettons & deputons par
ces preſentes ſignées de noſtre main, pour
enſemblement ou trois de vous en l'abſence
des autres,proceder à la vente & reuente,à faculté de rachapt perpetuel,de tous lesGreffes
Ciuils, Criminels , & des preſentations,affir-
mations , inſinuations, ſubmiſſions, conuen-
tions,places de Clercs & pariſis,doublement
deſdictes preſentatiós,ſeaux, notariats & Tabellionnages tant de nosCours de Parlemés,
Chambres de nos Comptes, Grand Conſeil,
Cours desAydes,Requeſtes du Palais,Cours
des Monnoyes, Preuoſté de noſtre Hoſtel,
Chambre du Threſor,Conneſtablie , Mareſ-
chauſſee,Admiraulté,Maiſtriſes desports,Bu-
reaux des Threſoriers de noſtre Domaine,
Dioceſes, Bailliages , Seneſchauſſees , Sieges
Preſidiaux, Vigueries, Comtez , Vicomtez,
Eauës & Foreſts, Ellections, Greniers à ſel,
Conſuls des villes,Iuges,Conſulats des mar-
chands, decimes & clameur, que generalle-

ment de toutes les iustices & iurisdictions
royales de nostre Royaume, seaux, notariats
& Tabellionnages dependans de nostre Domaine, & reünis à iceluy par nos Edicts du
mois de Septembre dernier passé, que nous
aurions addressez à nosdictes Cours souue-
raines, pour chacun endroict soy proceder à
leur enregistrement. Et pour l'execution de
vostre presente commissió, vous vous assem-
blerez dans nostre Chasteau du Louure en la
Chambre de nostre Cóseil, pour là, aux iours
& heures que iugerez les plus commodes tra-
uailler auec soin, diligence, & assiduité, à receuoir les encheres, tiercemens ou doublemens desdictes encheres, qui seront mis outre & par dessus les sommes à quoy vous aurez liquidé les engagemens des proprietaires
ou possesseurs, & leurs fraiz & loyaux cousts,
puis les formes & solemnitez en tel cas requi-
ses, gardees & obseruees. Proceder aux adiu-
dications des choses susdictes qui seront en-
cheries au plus offràt & dernier encherisseur,
à la charge de payer par les adiudicataires &
acquereurs, outre les prix principal de leur
adiudication deux sols pour liure de toutes
les encheres, tiercemens ou doublemens qui
feront mis pardessus le prix & liquidatió desdicts

dicts engagemens , & de bailler & deliurer
leurs deniers dans trois iours apres ladite adiudication és mains de celuy qui sera par nous
commis à la recepte & maniemét des deniers
prouenans desdictes vente & reuente sur ses
simples quictances. Et à faute de ce faire sera
procedé a la reuente de ce qui leur aura esté
adiugé à leur folle enchere , & contraincts au
payemét d'icelle, és mains dudit Commis, par
les voyes ordinaires & accoustumées pour
nos deniers & affaires. Et sur lesdites quittan-
ces seront par vous passez & deliurés ausdits
adiudicataires contracts de vente & engage-
ment des choses par vous à eux adiugées , &
declarées par lesdites quittances, pour en vertu d'iceux & de nosdicts Edicts estre mis en
possession & iouissance, par nos Officiers desdictes Cours & Iurisdictions qu'il appartien-
dra , & les tenir & posseder sous les conditiós
à plein declarées en nosdits Edicts. VOVLONS
aussi qu'il soit par vous procedé à la liquidation des sommes qui doiuét estre rébourfees
aux proprietaires ou possesseurs desdits Greffes, Clercs, parisis d'iceux, seaux, notariats &
tabellionnages , tát pour le principal de leurs
engagemens que fraiz & loyaux cousts, sur les
tiltres & contracts , en vertu desquels ils sont

D

en poſſeſſion & ioüiſſance, que leur ordonnós de vous repreſenter dans le temps que leur preſcrirez. Et ſuiuant ladiéte liquidation, & auant que d'eſtre depoſſedez, eſtre rembour-ſez actuellement, & à vn ſeul payement par lediét Commis à ladite recepte ſur vos ordó-nances, en rapportant les contraéts, quittan-ces & autres tiltres y declarez neceſſaires pour noſtre deſcharge & celle dudiét com-mis enuers nous, à la reddition de ſes com-ptes. Et où il arriueroit quelques ſaiſies ou ar-reſts ſur leſdits anciens poſſeſſeurs, qui luy empeſchaſt de faire leur rembourſement, nous voulons que les deniers demeurent en ſes mains; comme depoſitaire de biens de iuſtice, pour les payer ſelon & ainſi que par iuſtice en ſera ordonné, à ceux qui ſeront porteurs des tiltres & contraéts qui nous chargent enuers leſdiéts anciens poſſeſſeurs. Et de vos ordonnances pour la liquidation dudiét rembourſement: comme auſſi où au-cuns deſdiéts anciens poſſeſſeurs ſeroient re-fuſans ou dilayans de receuoir les ſommes que vous aurez liquidées & arreſtées pour leurdiét rembourſement. Nous voulons eſtre icelles depoſées & conſignées par lediét Có-mis à ladite recepte au Greffe de voſtre com-

miſſion. Et qu'en rapportant par ledict nouueau adiudicataire, ſçauoir en cas des ſuſdites
ſaiſies, vn acte de vous côtenant la declaratiõ
faicte d'icelles par ledict commis, & audict
cas de conſignation copié de l'acte d'icelle,
ſignée par voſtredict Greffier, nous voulons
& entendons que ledict nouueau adiudicataire ſoit mis en plaine poſſeſſion & iouyſ-
ſance de la choſe que luy aurez adiugée, non-
obſtant oppoſitions ou appellations quelsconques. Et d'autant que pour faciliter &
aduancer l'execution de noſdicts Edicts, il
ſera beſoin de faire la vente & reuente de
pluſieurs deſdicts greffes, Clercs & pariſis d'i-
ceux, ſeaux, Notariats & Tabellionages en
diuers endroicts de noſtre Royaume, ſur les
lieux. Nous vous auons donné & donnons
pouuoir par ceſdictes preſentes de commettre & ſubdeleguer, tels de nos officiers des
lieux ou autres que vous aduiſerez bon eſtre,
auſquels vous donnerez pareil pouuoir que
vous, de proceder auſdictes ventes & reuentes, & ordonner des rembourſemés des proprietaires & poſſeſſeurs, ſelon les memoires
& inſtructions qui leur ſeront ſur ce par vous
baillées. Voulons, que ce qui ſera par vous
& eux faict en vertu de ceſdictes preſentes

foit executé, nonobftant oppofitions ou appellations quelsconques, & fans preiudice d'i-
celles, la cognoiffance defquelles nous auons
interdicte & deffenduë à toutes nos Cours &
autres Iuges quelsconques, & dés maintenant
comme pour lors euoquée à nous & à noftre
Confeil, pour y eftre iugées diffinitiuement
& en dernier reffort, & pour feruir de Greffier fous vous en l'execution de voftredicte
commiffion, Nous auons commis & deputé,
commettons & deputons par cefdictes prefentes noftre amé feal Confciller & Secretaire Maiftre Guichard Deageant, auquel nous
auons auffi donné pouuoir de commettre &
fubdeleguer perfonnes capables pour feruir
de Greffiers fous vofdicts fubdeleguez, les
fraiz, falaires & vacations defquels Commiffaires fubdeleguez, Greffiers, Huiffiers, Sergens, Meffagers & autres qui ferôt employez
pour l'execution des prefentes & de vos com-
miffions addreffées à vofdits fubdeleguez, feront par vous taxez & arreftez, & payez par
ledict Commis à ladicte recepte, en vertu de
vos ordonnances qui luy feruiront auec les
quitrances des parties prenantes d'acquict va-
lable, & generalement faire pour l'execution
denofdicts Edicts tout ce que verrez eftre à

faire par raiſon , pour le bien & vtilité de nos
affaires & ſeruice. D E C E F A I R E vous a-
uons donné & donnons plein pouuoir , au-
ctorité, commiſſion & mandement ſpecial,
validant&auctoriſant toutes les ordónances,
contracts & autres actes qui ſeront par vous
faicts & donnez ; que nous voulons & entendons eſtre de tel effect, force & vertu que ſi
ils eſtoient faicts & donnez en noſtredict
Conſeil: & pour ce executez par toutes les
Prouinces de noſtredict Royaume, nonob-
ſtant oppoſitions ou appellations quelsconques & ſans preiudice d'icelles, la cognoiſſance deſquelles nous auons comme dict eſt interdicte & deffenduë à toutes noſdites Cours
& autres Iuges quelsconques, & icelle reſer-
uée à nous & à noſtredict Conſeil. P R O-
M E T T A N S en foy & parole de Roy auoir
pour agreable & tenir ferme & ſtable tout
ce qui ſera par vous & voſdicts ſubdeleguez,
faict,geré & negotié pour l'execution de noſdicts Edicts en vertu de ceſdictes preſentes.
M A N D O N S & commandons à tous nos officiers, iuſticiers & ſubiets qu'à vous & voſdits
ſubdeleguez , en ce faiſant ſoit obey,preſtét
& donnent aſſiſtance mainforte & priſon ſi
meſtier eſt , & requis en ſont & à tous Huiſ-

fiers ou Sergens, faire en vertu de vofdicts Iugements, ordonnances & contrainctes & de celles de vofdicts fubdeleguez, toutes fignifications, commandemens, contrainctes, & autres exploicts neceffaires ainfi qu'il leur fera mandé par iceux, fans demander aucun placet, vifa, ne pareatis que cefdites prefétes. Nonobftant comme deffus & quelsconques ᴀrreftsOrdonnáces, Clameur de haro, Chartre Normande, prife à partie & autres lettres à ce contraires. Et pource que de cefdictes prefentes on pourra auoir affaire enplufieurs & diuers lieux, Nous voulons qu'à la coppie d'icelles deuëment collationnée par l'vn de nos amez & feaux Confeillers Notaires & Secretaires, ou faicte foubs feel Royal: foy foit adiouftée comme au prefent original. Car tel eft noftre plaifir. Donné à Paris le vingt-huictiefme iour de Nouembre l'an de grace mil fix cent feize. Et de noftre regne le feptiefme. Signé Lovʏs. Et plus bas, Par le Roy, Delomenie. Et feellée du grand feau de cire iaune fur fimple queuë. Et a cofté defdictes lettres eft efcript, Les prefentes ont efté de l'ordonnance de Meffieurs les Commiffaires fufnommez, enregiftrées au Greffe de la Commiffion, par moy Confeiller &

Secretaire du Roy, & Greffier Commis à ladicte Commiſſion à Paris, le cinquieſme iour
de Decembre mil ſix cens ſeize.

Signé,   DEAGEANT.

Collationné aux originaux par moy Con-
ſeiller & Secretaire du Roy,